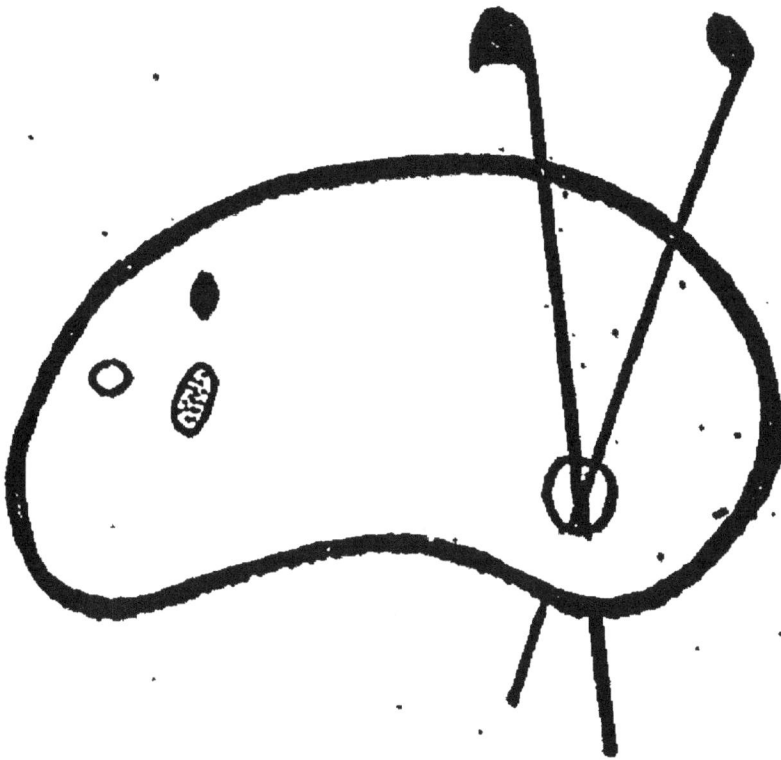

DÉBUT D'UNE SÉRIE DE DOCUMENTS
EN COULEUR

Catalogue

DU CABINET

DE FEU M. LA MÉSANGÈRE,

ANCIEN PROFESSEUR DE BELLES-LETTRES

ET DE PHILOSOPHIE.

Paris.

IMPRIMERIE DE CH. DEZAUCHE, FAUB. MONTMARTRE, N. 11.

1831.

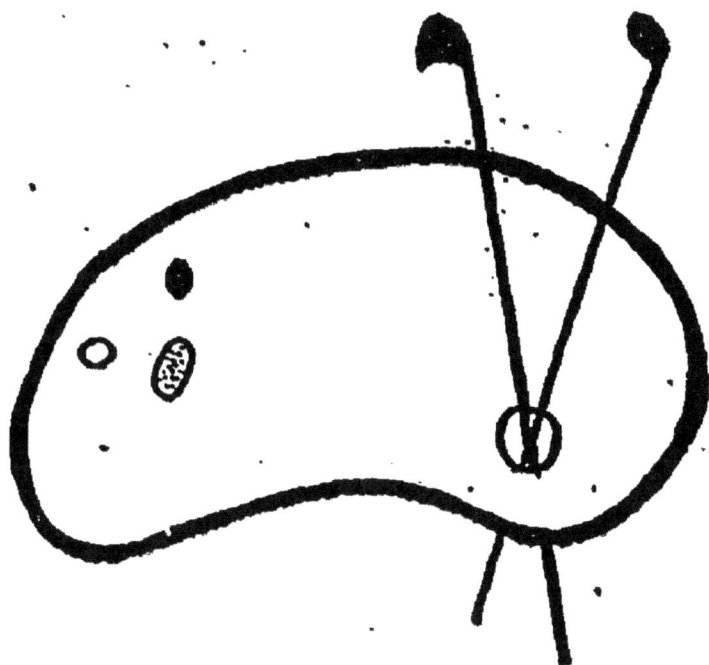

FIN D'UNE SERIE DE DOCUMENTS
EN COULEUR

CATALOGUE

DU CABINET

DE FEU M. LA MÉSANGÈRE,

ANCIEN PROFESSEUR DE BELLES-LETTRES

ET DE PHILOSOPHIE.

AVIS.

Les Livres composant la Bibliothèque de M. La
Mésangère, seront vendus vers le mois de Novembre,
par MM. Debure frères, qui en rédigent en ce mo-
ment le Catalogue.

IMPRIMERIE DE CH. DEZAUCHE,
FAUB. MONTMARTRE, N. 11.

18 - 23 jui   *1831*

CATALOGUE
DU CABINET
DE FEU M. LA MÉSANGÈRE,

Ancien Professeur de Belles-Lettres et de Philosophie
AU COLLÉGE ROYAL DE LA FLÈCHE,

Membre de la Société des Antiquaires de France, Éditeur du *Journal des Dames* créé en 1799, etc., etc.

CE CATALOGUE CONTIENT PLUSIEURS SÉRIES D'OBJETS
D'ARTS, SAVOIR :

Une suite de plus de 1500 Portraits, peints à l'huile et à la miniature, d'hommes et de femmes célèbres, depuis le 14e siècle jusqu'à nos jours.

Quantité de pièces en Ivoire sculpté, Émail de Limoge, Laque de Chine, Écaille et Burgau; Ustensiles en bronze et fer damasquiné du temps de la renaissance; suite de Plaques en agathe, jaspe, lapis, bois pétrifié, cornaline et succin; Coffrets en fer, acier, écaille, ivoire et bois odorant, garnis en argent vermeil.

Collection de plus de 2000 Dessins originaux, dont une partie par MM. Carle et Horace Vernet et M. Lanté, costumes de modes et de divers pays; Caricatures, Planches gravées des ouvrages publiés par M. La Mésangère.

Estampes encadrées, en feuilles et en recueils, et quantité d'objets curieux en tous genres.

La Vente aura lieu le Lundi 18 Juillet, et les cinq jours suivans, dans les salons de l'hôtel Boufflers, rue de Choiseul, n. 12, au coin du boulevart des Italiens, et commencera à dix heures et demie du matin.

L'Exposition sera publique les jeudi 14, Vendredi 15, Samedi 16 et Dimanche 17, depuis onze heures jusqu'à cinq.

Le Catalogue se distribue à Paris,

Chez MM. { FOURET, Avoué, rue Croix-des-Petits-Champs, n. 39 ;
GUÉRIN, Commissaire-Priseur, rue du Hazard, n. 9 ;
Cu. PAILLET, Commissaire-Expert honoraire des Musées royaux, rue Grange-Batelière, n. 24.

A Londres,
Chez M. JARMAN, 130. New Bond Street.

1831.

ORDRE DES VACATIONS.

1ʳᵉ VACATION. — *Lundi matin* 18 *Juillet*.

Miniatures, nº 1 à 36.   *13, 22,*
Tabatières, nº 133 à 146.
Peintures à l'huile, nº 147 à 153.
Peintures sous verre, n. 160 à 162.
Dessins, n. 295 à 307.   — *298.*

2ᵉ VACATION. — *Mardi matin* 19.

Miniatures, nº 37 à 70. — 117 à 124.   *122.*
Peintures à l'huile, nº 154 à 162.
Dessins, nº 308 à 326.   *309 314 bis*

3ᵉ VACATION. — *Mercredi matin* 20.

Miniatures, nº 71 à 108.
Dessins, nº 327 à 332.

4ᵉ VACATION. — *Jeudi matin* 21.

Miniatures, nº 109 à 116. — 125 à 132.
Ivoire sculpté, nº 163 à 165.
Laque, nº 166 à 168.
Émail, nº 169 à 171.
Bronze et fer ciselé, n. 172 à 177.   *178*
Écaille et corne, nº 178.
Verroterie, nº 179.
Boîtes et coffrets, nº 180 à 191.   *187 — 189*
Objets divers, nº 192 à 203.   *193*
Dessins, nº 333 à 349.   *342, 344, 347, 349.*

5ᵉ VACATION. — *Vendredi matin* 22.

Estampes encadrées, nº 204 à 224.
Estampes en feuilles, nº 225 à 238.   *232*
Livres à figures, nº 239 à 275.   *270*

6ᵉ VACATION. — *Samedi matin* 23.

Livres à figures, nº 276 à 294.
Planches gravées, nº 351 à 364.

NOTICE

SUR

Feu M. La Mésangère.

M. La Mésangère, fils d'un magistrat éclairé
et respectable d'une petite ville de Maine-et-
Loire, reçut une première éducation analogue
au rang que tenaient ses parens dans la société.
Envoyé pour suivre ses études au collége royal
de la Flèche, il s'y distingua bientôt par un
constant et ardent amour pour le travail. A
peine eût-il terminé ses études qu'il fût chargé
par la Société savante, où il venait d'entrer, de
professer la troisième et peu après la philoso-
phie. Bientôt, et seulement âgé de 28 ans, il
fut jugé digne d'être le principal du collége où
tant d'illustres savans s'étaient distingués.

Les troubles et la guerre civile organisés dans
l'ouest de la patrie furent l'occasion de la dés-
truction du beau collége fondé par Henri IV,
dont M. La Mésangère était le chef. Obligé de
fuir la persécution, il vint à Paris chercher des
ressources pour exister, c'est là qu'il composa
divers ouvrages qui le firent admettre membre

de plusieurs sociétés savantes; on cite entr'autres une *Géographie historique et littéraire de la France*, qui a eu quatre éditions et qui a été traduite en allemand ; *une nouvelle Bibliothèque des Enfans*, *une Histoire naturelle des quadrupèdes et des reptiles*; *le Voyage à Paris*, tableau pittoresque et moral de cette capitale, et enfin le *Journal des Dames et des Modes* qui se répandit bientôt dans toute la France et dans les principales villes de l'Europe. C'est dans cet établissement qu'il a trouvé d'abondantes ressources pour lui et ses nombreux collaborateurs dont il ne tarda pas à devenir le père et l'ami, et c'est pour ceux-ci qu'il a voulu jusqu'à sa mort continuer un travail dont depuis bien des années il n'avait plus besoin pour lui.

Toutes les personnes qui ont eu des rapports d'intérêt ou des relations d'amitié avec M. La Mésangère ont versé des larmes bien sincères sur la tombe de ce savant modeste et ami de l'humanité, il sera long-temps pour eux l'objet de douloureux regrets.

———

Cette courte Notice, qui n'est qu'un exposé sommaire de la vie d'un homme estimable, ne

nous dispense pas de rappeler à l'attention des
amateurs de cette époque les choses principales
qui composent le cabinet dont nous avons été
chargés de rédiger le catalogue.

Classé parmi les hommes érudits de son siècle,
M. La Mésangère avait fait des recherches mul-
tipliées sur les hommes et les femmes célèbres
qui ont illustré leur nation, ces recherches sont
prouvées par une série de portraits peints à
l'huile et à la miniature et dans laquelle pourront
puiser les historiens familiarisés seulement avec
le nom d'un personnage célèbre par ses actions
ou par ses écrits. Cette partie, une des plus
attachantes de son cabinet, n'est pas la seule où
se soient portées ses vues; plus sobre à la vérité,
dans une variété d'objets de différens genres, il
a pu réunir quelques-uns de ces monumens
portatifs qui remontent à l'époque de la renaissance, soit en ivoire, en écaille, en fer ciselé
et en ébène, toutes pièces qui venaient à
l'appui de ses études et qui se rattachent cons-
tamment à des souvenirs. Mais ses dessins, dont le
nombre a toujours été en croissant puisqu'ils
alimentaient la durée du journal qu'il publiait
depuis plus de trente ans, ses dessins, dont la
plupart sont dûs au crayon et au pinceau de

Mrs Carle et Horace Vernet, et ensuite à M. Lanté, formeraient à eux seuls l'objet d'une vente importante. Un choix de costumes de modes qui sont pour ainsi dire devenus le code de la toilette chez les dames élégantes des provinces et de l'étranger, vont maintenant se répandre dans les albums de la capitale, où, classés par ordre de date, ils pourront être un jour soumis à l'observateur qui en approuvera le goût ou en contrôlera le ridicule.

Quant à nous qui cherchons à opérer dans l'intérêt des héritiers et pour la commodité du public, nous avons disposé notre travail de manière à économiser le temps, une vente trop longue fatigue et l'absence des enchérisseurs ne fait pas notre affaire ; les lots sont donc avantageusement composés, et, au moyen d'une feuille de vacation invariablement arrêtée, l'acquéreur saura le jour et à-peu-près l'heure où il pourra se rendre possesseur du portrait de Voltaire ou de celui de Ninon, et ne sera pas dans l'obligation d'attendre le départ de ceux qui l'intéressent peu pour arriver à celui qu'il désire.

Catalogue

Du Cabinet de feu M. La Mésangère,

ANCIEN PROFESSEUR DE BELLES-LETTRES

ET DE PHILOSOPHIE.

DÉSIGNATION DES PORTRAITS

Peints en miniature et en émail.

---

1. — Neuf médaillons-portraits dont sept émaux ;
Mme de Pompadour, François, Marie, marquis d'Hau-
tefort de Pompadour aïeul, Mlle Raucour. · · · · · · · · · · ·   *33*

2. — Sept portraits miniature, dont la duchesse
Longueville, Hortence Mancini. · · · · · ·   *27 - 50*

3. — Marie de Médicis deux fois, Gabrielle d'Estrées, Charles de Bourbon, le duc d'Albe, Mme de
Montbazon. Sept portraits. · · · · ·   *19 - 50*

4. — La duchesse de Grammont, le grand Condé,
Jacques II, la femme de Mignard, Marie Alliot,
Mme Dunoyer, le marquis d'Harcourt, le duc de Ro-
quelaure. Huit portraits.   *23 · 50*

5. — Mme de Feuquières, Mlle des Loges, le duc de Bourgogne, Louis-le-Boulanger, Anne-Marie de Saxe. Neuf portraits.

6. — Molière, la Béjar, femme de Molière, Pierre Corneille, le grand Condé, Marie-Thérèse, femme de Louis XIV, la duchesse de Spar. Neuf portraits.

7. — La marquise de Verneuil, Gabrielle d'Estrées, le connétable de Bourbon, un émail et deux autres portraits. En tout six médaillons.

8. — Louis XV, MADAME, fille de Louis XV, le prince Eugène de Savoie. Neuf portraits.

9. — Racine, le duc de Vendôme, et sept autres portraits du siècle de Louis XIV.

10. — Neuf portraits du siècle de Louis XIV.

11. — Le père Cotton, jésuite, la femme de Téniers, Ninon de l'Enclos, Louis XIV, Mme de Grignan, Marie-Christine, reine de Suède. En tout neuf portraits.

12. Anne d'Autriche, Marie-Stuart, Dianne de Poitiers, Louis XIII, Élisabeth, fille de Jacques Ier. En tout onze petits portraits.

13. — Portrait de M. de Buffon, émail par Barbier aîné.

14. — Mme de la Vallière. Petit portrait peint en émail.

15. — Dianne de Poitiers et portrait peint par Holbein.

16. — Quatre portraits; une Sibille, homme tenant un œuillet, femme du siècle de Louis XIV, et portrait de Stanislas.

17. — Marie-Pauline Bonaparte, princesse Borghèse, d'après M. Jacotot.

18. — Cinq portraits, MONSIEUR, frère de Louis XIV, miniature allégorique, Louis XV, Mme Aujerat.

19. — Charlotte-Amédée d'Autriche, portrait en émail, Mlle de Fontanges, et autres portraits en émail.

20. — Portrait de Ninon, celui de Mme Dubarry en pélerine, la princesse de Grimaldi, par Rosalba, Jupiter et Léda, par Charlier, jeune fille endormie, par Théolon, portrait de femme, costume de 89. Ces six portraits dans des bordures de cuivre.

21. — Portrait de Mme Weis, par M. Aubry, miniature exposée au salon de 1806.

22. — Portrait de Dianne de Poitiers, et jeune femme, par Netscher.

23 — La duchesse de Cleveland, émail, et deux autres portraits doubles, aussi en émail.

24. — La duchesse de Guise, l'impératrice de Russie, portrait de Villars, et jeune fille.

25. — Hermione, copie d'après le Guide, Mlle Géor-

ges, actrice du Théâtre Français, Élisa Tacciochi, et portrait de femme. Quatre miniatures.

26. — Duchesse de Bourgogne, miniature; portrait de princesse, portant lance, peinture à l'huile.

27. — L'Épicière, d'après Miéris; jeune femme et enfans hollandais, scène d'intérieur. Ces deux pièces miniature.

28. — Quatre portraits miniature, dont deux dans la manière de Hal.

29. — Cinq autres portraits de femmes, costumes modernes.

30. — La Vierge à la chaise; miniature, cérémonie du Champ-de-Mars, et quatre portraits, dont Brossette, commentateur de Boileau.

31. — Neuf miniatures, sujets divers dont une du milieu, par Klingstedt.

32. — Huit miniatures, portraits inconnus, hommes et femmes, celle du milieu d'après Rubens, Mᵐᵉ Bonen.

33. — Onze miniatures, dont un émail et le portrait de Mᵐᵉ de Maintenon.

34. — Neuf portraits, dont le baron d'Holbach et un précieux portrait de femme, costume de Louis XV.

35. — Neuf portraits de femme et enfans, médaillons ronds. *17--50*

36. — Huit médaillons, portraits divers peints à la miniature.

37. — Huit autres médaillons, portraits de femme.

38. — Onze portraits médaillons. .... *13 . 50*

39. — Douze médaillons, costumes de Louis XV et postérieur. .

40. — Isabelle de Savoie, Mlle de Sauve, Marie de Billy, épouse de Nicolay, et huit autres portraits, costumes du temps de Henri II et Médicis. En tout onze pièces. .... *50 - 0*

41. — Quatre médaillons de grande dimension, savoir : Mme de Maintenon, Marie-Anne-Christine de Bavière, dauphine de France, mère du duc de Bourgogne, Mme de la Vallière, en muse, tenant le portrait de Louis XIV, et la scène du déjeûné, chez Mme Geoffrin.

42. Mlle de la Vallière, Catherine, impératrice de Russie. Deux médaillons ovales de cinq pouces.

43. — Mlle de Fontanges, Mlle de Scudery, la duchesse de Bourgogne, mère de Louis XV. Trois grandes miniatures. *81 - 50*

44. — Jeune femme nue et vue par le dos, se re-

gardant dans un miroir, et pour pendant, une vieille femme officieuse, soulève le voile d'une courtisane. Deux précieuses miniatures par *Klingled.*

45. — Quatre belles et grandes miniatures encadrées, Marie - Thérèse d'Autriche, femme de Louis XIV, le grand Dauphin, Louis XIV et le Régent.

46. — Voltaire, ses père, mère et grand'-mère, quatre médaillons ne formant qu'un seul tableau; *cette suite est d'autant plus intéressante, que M. La Mésangère se l'est procurée d'une source certaine.*

47. — Jupiter et Léda, miniature, femme couchée et nue, deux enfans près d'elle. Deux pièces.

48. — Femme nue d'après Titien, et Madeleine d'après Annibal Carrache. Deux grandes miniatures encadrées.

49. — Louis XIV, Marie de Médicis, Hortence Mancini, et femme du temps de Marie de Médicis. Quatre pièces.

50. — Portrait de Voltaire par Mlle de Livry, devenue la marquise Gouvernay, à qui Voltaire adresse l'épitre des *vous* et des *tu*, et qui avait été sa maîtresse.

51. — Dix portraits de personnages non connus.

52. — Huit portraits et médaillons montés, dont deux muses et le portrait de M. Richard de Lé-

dan, qui laissa une collection de plus de huit mille portraits.

53. — Treize médaillons, dont quelques-uns au physionotraste.

54. — Cinq médaillons, portraits encadrés, dont un personnage à toque bleue, portant l'ordre de la toison d'or, et une allégorie à la religion.

55. — Sept médaillons dans des étuis d'écaille, de piqué et de maroquin, dont une Madeleine d'après le Guide, Vénus d'après Rosalba, Louis XIV et Mme de Montespan. Deux portraits modernes et deux autres anciens.

56. — L'empereur, l'archiduchesse Marie-Christine, l'impératrice douairière et l'archiduchesse Elisabeth, l'archiduc Pierre-Léopold, l'archiduc Charles et l'archiduchesse Amélie. Ces sept miniatures, très-précieusement peintes, sont dans leur étui.

57. — Les baisers, deux gouaches par Vangorp, deux têtes de fantaisie, une madone, un portrait de femme, deux têtes de fantaisie par Fragonard, et deux bustes de femme par Gauci. En tout huit pièces.

58. Deux portraits à mi-corps, costume pastoral; miniatures par Hall.

59. — La Vierge et l'Enfant Jésus, peinture sur oile avec bordure gothique et fond d'or.

60. — Six portraits inconnus, quelques-uns sur verre et d'autres non montés.

61. — Onze portraits. Costumes et coiffures de mode. Cinq dans des papiers.

62. — Neuf portraits : le marquis de Chatenay; Stanislas, roi de Pologne; madame Geoffrin; mademoiselle Duthé, devenue miladi Clinton (ce dernier portrait vient de la vente de mademoiselle Contat); M. de Flacourt, et personnages inconnus.

63. — M. de Malibran, madame de Malibran, *émail;* Charles III, roi d'Espagne; le duc de Chartres, Louis XIV, M. de Boisragon, Louis XIII, Marie d'Orléans, Longueville. En tout, neuf miniatures.

64. — Trois portraits : celui d'une jeune dame inconnue, Marmontel et madame Denis. Encadrés.

65. — Douze médaillons. Miniatures et dessins sur vélin, dont le portrait de l'abbé Polignac.

66. — Neuf portraits-miniatures, dont mademoiselle Arnouldt en Léda, et madame Geoffrin. Sept autres médaillons ronds et ovales, inconnus.

67. — Onze médaillons, dont Stanislas, roi de Pologne; le marquis de Tourville; le comte d'Argenson. Le reste inconnu.

68. — M. de Saint-Albin, archevêque de Cam-

bray, fils du régent et d'une fille de l'Opéra, nom-
mée *Florence*, et huit portraits inconnus. Neuf
pièces.

69. — Alexis Piron, et huit portraits de femmes
entourant cette miniature carrée.

70. — Six portraits : Reynolds, J. Vernet, Ma-
rivaux, le comte de Stainville, le docteur Guillotin,
le docteur Montaigre.

71. — Quatorze miniatures-portraits, dont un
milieu, de forme carrée, représente un officier de
dragons ayant un enfant nu sur les genoux.

72. — Quatre peintures sur verre, figures chinoises.

73. — Mademoiselle Lecouvreur, portrait en miniature de forme ovale, et dix autres portraits, hommes
et femmes du même temps.

74. — Henri IV avec Gabriel d'Estrées, et mademoiselle d'Entragues, marquise de Verneuil, et huit
médaillons, miniatures-portraits d'hommes et femmes.
Neuf pièces.

75. — Dix portraits, savoir : le maréchal d'Ancre
et Éléonore Caligal, deux médaillons montés en argent; Marie de Médicis; Gertrude d'Alt; mère de
saint François de Sales; Madeleine d'Angleterre,
milady Strafort, madame d'Albert, Cossé Brissac,
Calvin et l'infante Isabelle.

2

76. — Huit médaillons de forme carrée. Portraits et costumes du siècle de Louis XV.

77. — Huit autres médaillons. Mêmes costumes.

78. — Anne d'Autriche, femme de Louis XIII, représentée en sainte Hélène ; le cardinal d'Amboise, l'abbé comte de Sécy Montal, et portrait de M. Delaboue, évêque de Meaux. En tout, neuf pièces au crayon rouge et à la miniature.

79. — Douze médaillons-portraits en miniature. Costumes et coiffures de différentes époques.

80. — Huit portraits. Gens d'église, abesse et magistrats, dont la révérende mère, sœur Marie, reine de Sainte-Agathe.

81. — Onze portraits, dont un de forme ronde, costume moderne. Les autres, du règne de Louis XV et Louis XVI.

82. — Dix portraits-miniatures. Costumes du temps de Louis XV et des temps modernes.

83. — Douze médaillons, têtes d'hommes et femmes. Costumes de Louis XIV, Louis XV et moderne.

84. — L'abesse de Fontevrault ; madame de Rochegude mère, et dix portraits, hommes et femmes.

85. — Dix-sept petits portraits-miniatures. Hommes

et femmes de diverses époques et de différentes nations.

86. — Laly fils, capitaine de dragons, dont le père a été décapité, le fils réhabilité; Richelieu jeune, sur argent, et sept portraits divers, dont un sur émail.

87. — Neuf miniatures. Personnages du règne de Louis XV, dont une scène de musiciens.

88. Douze miniatures. Portrait de Dancourt, auteur et acteur dramatique; Charles Le Roy et Larochefoucault, comte de Blanzac; Paris Duverney, Vanloo, Fénélon; quelques dames de la cour de Louis XIV et de Louis XV en abesse.

89. — Onze miniatures, dont le portrait de Fouquier, sur-intendant des finances; Bernard de Fourquieux; quelques portraits des temps modernes, et un émail.

90. — Six portraits : Louis, duc d'Orléans, fils de Philippe, régent, né le 4 août 1703, mort le 4 février 1752, retiré dans l'abbaye de Sainte-Geneviève; madame de Montespan, M. Hélot, et trois autres personnages.

91. — Femme à la cage, par Klinchted; les ducs de Bourgogne, par Lavrince; la belle-mère de madame Lamotte Bizoton, Ninon de l'Enclos, une Médicis. Sept portraits-miniatures.

92. Moreau de Maupertuis, Voltaire jeune, et cinq autres portraits.

93. — Six miniatures : le comte de Clermont, prince du sang ; M. le prince de Kaunitz, et quatre autres.

94. — Les délassemens champêtres, par Charlier ; portrait de Lebrun, et une dame tenant son masque. Trois pièces encadrées.

95. — Louise-Henriette de Bourbon-Conti, duchesse d'Orléans, née le 20 juin 1726, mère de Philippe, duc d'Orléans ; mariée le 17 décembre 1743, et grand'-mère de Louis-Philippe, roi des Français.

96. — Cinq miniatures encadrées, dont le portrait de madame Déshoulières ; les autres, de fantaisie.

97. — Trois portraits. Costumes et coiffures modernes. Miniatures encadrées.

98. — Trois autres.

99. — Miniatures anglaises, grand médaillon rond. Portrait de femme, et dessins sur papier teinté, par Sweback. Trois pièces.

100. — Cinq portraits de femme, par Kraft.

101. — Quatre autres portraits. Femmes coiffées en chapeaux.

102. — Quatre grandes miniatures, dont une, costume à la grecque.

103. — Quatres autres; dont Henriette Rothman, costumes de 1813 et 1821.

104. — Six portraits. Costumes et coiffures de 1821, 1822 et 1823; un émail, par Kraft et Schumk.

105. — Huit miniatures. Portraits de femme, dont un par Mansion.

106. — Six autres portraits.

107. — Quatre portraits, par Kraft. Variété dans les costumes et coiffures.

108. — Sept autres portraits, par le même.

109. — Cinq portraits de femme, forme carrée.

110. — Sept miniatures. Jeunes femmes, par Busset, Larus et autres.

111. — Huit autres miniatures, costumes divers, dont une par Mansion.

112. — Dix autres miniatures, même grandeur.

113. — Cinq grandes miniatures, par Kraft.

114. — Quatre miniatures, par Kraft. Costumes et coiffures de 1821.

115. — Quatre autres, par le même.

116. — Dix médaillons variés.

117. — Quatre-vingt-cinq portraits, au physio-notraste et deux miniatures.

118. — Dix petits médaillons, dont deux par Fi-quet; la belle Lorraine, portrait de Molé, etc.

119. — Treize miniatures, dont deux par Hall, et médaillons de tabatière à pan. Dix sont à nu.

120. — Douze médaillons, dont sept dans des cadres d'écaille, de bronze à jour, et dessins indiens.

121. — Quinze portraits. Costumes de 1795 à 1810.

122. — Mansard, architecte; Caillot, acteur de la comédie italienne; mademoiselle Wateau, le doc-teur Petit, madame Courtin, mademoiselle Sana-don, demoiselle de compagnie de la marquise du Deffand, et sept autres portraits. En tout, douze.

123. — Quinze médaillons-portraits. Costumes de la révolution.

124. — Dix-huit portraits, dont plusieurs ca-mées par Sauvage.

125. — Quinze médaillons-portraits. Costumes de 1796.

126. — Dix-sept autres. Costumes de 1794.

127. — Onze médaillons. Divers costumes.

128. — Quinze dits costumes de 1793.

129. — Neuf portraits, dont deux au crayon, un d'après M. Isabey, et une reine de France.

130. — Portraits d'Anne d'Autriche, celui de la duchesse de Bourgogne : ces deux-ci dans leur étui; Marie-Thérèse d'Autriche ; le duc de Chablais, frère du roi de Sardaigne ; la duchesse Laval de Montmorenci, et deux autres miniatures.

131. — Sept pièces, savoir : portrait camée, la joueuse de raquette, émail, étui, et portrait avec essai de costume et coiffure, médaillons d'après Terburg ; église Sainte-Geneviève, deux portraits modernes et un autre de financier.

132. — Portrait de mademoiselle de Croy; celui de la duchesse de Bourgogne, miniatures de grande dimension.

TABATIÈRES AVEC PORTRAITS EN MINIATURE.

133. — Mademoiselles Arsène, actrice du théâtre du Vaudeville; mademoiselle Georges Weimer; actrice du Théâtre-Français; mademoiselle T.; actrice

du théâtre de l'Odéon ; portraits de deux hommes de l'Académie française. Quatre boîtes.

134. — Pilâtre Durosier, mademoiselle de Charolais, l'abbé Raynal, Stanislas, roi de Pologne. Quatre boîtes.

135. — MADEMOISELLE, fille unique du bon duc d'Orléans ; le maréchal de Noailles ; Jean de Vieux-Pont, sieur de Chailloué ; Colbert. Quatre boîtes.

136. — Hector de Voisin, vicomte de Lautrec, Paris de Montmartel, madame d'Hautefort, duchesse de Schomberg, dame d'honneur de la reine Anne d'Autriche, et portrait par Hal.

137. — Cinq tabatières en écaille, buis et ivoire.

138. — Colbert, Louvois, l'archevêque de Belloy, et deux autres tabatière. En tout, cinq.

139. — Catinat, le marquis de Veuce, et trois portraits de femme.

140. — Un des envoyés de Tippô-Saëb.

141. — Cinq tabatières. Portraits d'hommes et femmes.

142. — Cinq autres.

143. — Madame Louise de France, qui se fit carmélite ; officier de cavalerie au service de l'Autriche, et trois autres tabatières.

144. — Femme de la cour de Louis XV en Danaé, tête en camée, madame Dubarry en gille, et deux portraits d'hommes.

145. Six tabatières. Portraits divers.

146. — Six autres. Deux tabatières, personnages inconnus.

PEINTURES A L'HUILE.

147. Douze petits portraits, forme ovale, dont le marquis de Courtanvaulx.

148. — Adam Fumée, premier médecin des rois Charles VII, Louis II et Charles VIII; le curé de Saint-Gervais; madame Gilberte Dossy, marquise de Gaucourt, Catherine de Médicis; portrait de femme du même temps; portrait de Boileau peint sur verre; Marie-Thérèse d'Autriche, femme de Louis XIV. Sept pièces.

149. — Jean-sans-Peur, deuxième duc de Bourgogne, pair de France, comte de Nevers; petit portrait de femme du temps de Jeannet; Catherine

Havard, femme de Henri VIII, petite princesse d'Espagne; femme du temps d'Agnès Sorel; deux portraits dans une boîte; femmes du seizième siècle.
Sept portraits et une composition.

150. — Douze portraits sur bois, cuivre et sous
glace, dont le cardinal de Retz. Les autres, personnages portant l'habit de religieux.

151. — Quinze portraits d'hommes et femmes,
dont la duchesse de Toscane, Philippe de Nassau,
mademoiselle Duplessis Bellière, grande amie du
surintendant Fouquier. Médaillons peints à l'huile et
sous glace.

152. — Vingt-trois portraits à l'huile et sous glace,
des quinzième et seizième siècles.

153. — Seize autres portraits et médaillons à
jour.

154. — Portrait du roi René, celui d'une princesse de Portugal, Marguerite de Valois, Henri III,
roi de France. Quatre pièces.

155. — Portrait d'Isabeau, dame de Beauville;
François, second fils de Henri II, et de Catherine
de Médicis. Trois pièces.

156. — Louis de Maugiron, baron d'Ampus;
mademoiselle de Lapalu, femme de René, comte de
Chalant, et portrait du temps des Médicis.

157. — Sept petits portraits et un sujet de sainteté. 34.50

158. — La belle Laure; femme balayant, peinture espagnole, et un intérieur, par Chantereau. 40.00

159. — Anne de Boulen, et la comtesse de Grignan, mariée à Louis Adhémar de Montheil, en 1584.

PEINTURES SOUS VERRE,

160. — La danse des Muses, d'après Jules Romain, peinture à la gouache et sous verre.

161. — Deux femmes vues à mi-corps et occupées à soigner des fleurs, une femme à sa toilette. Ces trois peintures chinoises et sous verre.

162. — Quatre peintures sur vélin. Fêtes en l'honneur de Bacchus.

IVOIRE SCULPTÉ ET GRAVÉ.

163. — Boîte forme navette, avec sujet de cavalier; boîte gaufrée, avec médaillon; femme et

amours; boîte ronde avec variété de fruits; petite tabatière en forme de livre; le triomphe de Neptune, boîte ronde; boîte carrée et gravée en couleurs; Marie, princesse de Pologne, femme de Louis XV. En tout, sept pièces.

164. — Cinq tabatières, ancien piqué sur ivoire; un couvercle du quinzième siècle, une navette, un évantail. Huit pièces.

165. — Figure de Louis XIII, petit enfant Jésus, tabatière avec couronne ducale, plaque en piqué, et buste de reine. En tout, six pièces.

LAQUE.

166. — Pièce en laque, petit coffret, boîte à flacon en piqué, petite boîte ceintrée, et plaque de dessus de boîte.

167. — Six pièces. Boîtes en laque, dont une burgautée.*

168. — Vingt pièces dépareillées en laque rouge. Tasses présentoires, bols, boîtes, etc.

_____

* Le burgau est la plus belle espèce de nacre.

ÉMAIL.

169. — Une coupe à anses, un pied, et trois plaques, ancien émail de Limoges.

170. — Une tabatière à couvercle, ancien émail de Vienne; un flacon baroque; une plaque émaillée, avec grenat cabochon, et un petit portrait dans une boîte, verroterie bleue émaillée.

171. — Deux petits vases, forme d'amphore, très-ancien émail fond bleu et vert, avec incrustation en fil de cuivre.

BRONZE ET FER CISELÉ.

172. — Deux petits vases à anses et un brûle-parfum. Trois pièces de Chine, bronze.

173. — Buste de Marie de Médicis, bronze du temps.

174. — Trois boules chinoises qui servent de passe-temps aux dames galantes de Pékin.

175. — Un petit vase à deux anses, un coffre en forme de panier, et une boîte longue, ouvrage de Tonkin. Trois pièces.

176. — Verroux d'Ecouen, deux bustes d'appliques, vierge, chandelier, chimère, reliquaire du quinzième siècle; agraphe, boucle et quatre bustes. En tout, treize pièces.

177. — Coupoir du seizième siècle, pommeau d'épée en fer ciselé, cachet, rape à tabac, le jugement de Salomon, plaque en fer au repoussé, trois petits médaillons fer ciselé, étui de ciseaux, deux couteaux damasquinés et un manche en écaille; les Bohêmiens, ivoire dans un cadre en fer. En tout, treize pièces.

ÉCAILLE ET CORNE.

178. — Une plaque en corne, fond or; deux boîtes, écaille piqué; cinq étuis, piqué et galuchat; bonbonnière en écaille blonde, et deux plaques en burgau. Douze pièces.

VERROTERIE.

179. — Une bouteille, un flacon. Trois pièces, dont une incolore, et un sac en perles de vitrification.

BOITES ET COFFRETS.

180. — Un grand coffre en laque noir du Japon, avec couvercle ceintré et coins-ferrures à jour.

181. — Une boite longue forme plate en bois odorant, avec incrustation en ivoire gravé.

182. — Coffre à couvercle ceintré avec appliques de rosaces et carrés estampés, façon or et argent.

183. — Un coffre-malle couvert en cuir et garni en ferrure gravée.

184. — Une boîte en laque noir à double fond, avec médaillons ronds en verre églomisé.

185. — Deux coffrets recouverts en velours cra-

moisi avec fleurs de lys et ornemens dorés. L'un des deux a appartenu à Élisabeth d'Autriche, femme de Louis XIII.

186. — Trois coffrets. Un en fer damasquiné, dos ceintré; un autre en fer gaufré, ouvrage du quinzième siècle, et un troisième, garni en lames de fer, le corps en bois.

187. — Un coffret en ébène sculpté, coins et rosace en argent.

188. — Un coffret en écaille avec incrustation posée en argent, et une boîte en ébène incrustée en ivoire.

189. — Coffret en ébène décoré de verre églomisé, petit coffret-cabinet en ébène et à tiroirs; boîte à six pans, marqueterie en cuivre et étain. Trois pièces.

190. — Deux coffres de sûreté en fer, un des deux à dessins gaufrés.

191. — Un petit bas de cabinet en bois violet, les devans incrustés en ivoire, et un meuble à hauteur d'appui avec tiroirs en bois de placage en lozange; plus, un petit cabinet à deux vanteaux et appliqués en burgau, figures chinoises.

OBJETS DIVERS.

192. — Dix pièces en similor. Tabatières, dont une hollandaise; un petit coffret à serrure compliquée, un écritoire, et deux pièces, horlogerie très-ancienne.

193. — Un peigne du seizième siècle; un petit coffret en paille et vannerie, garni en argent; deux bourses, un gobelet en vannerie, deux boîtes en vannerie de crin, deux pièces en bois sculpté, un étui en perles verroterie, une coupe en bois de figuier, et une boîte remplie de clous d'émail. En tout, quatorze pièces.

194. — Une navette en acier, et quatre couteaux singuliers, dont un ayant le fourreau émaillé. ──

195. — Salières en agathe et porphyre, boîte en poudingue, boîte en pierre d'agathe mousseuse, œufs en spath-fluor, et un lot de plaques de jaspe sanguin, cornaline, crisoprase, etc.

196. — Une cornaline gravée, montée en épingle et en or; elle représente un génie ailé conduisant un char. Donné par M. Artaud l'antiquaire.

3

197. — Une cuvette en grès aventuriné et tra-vaillée.

198. — Vingt-huit médailles en bronze. Les grands hommes, et quelques autres pièces mon-noyées qui seront détaillées sous ce numéro.

199. — Une petite paire de flambeaux en argent, tige et culot gravés, feuilles d'ornemens.

200. — Deux bonnets tissés en or, ornés de quel-ques pierres fines, avec masques et pièces en bap-tiste dépendantes de la coiffure, costumes hol-landais et alsaciens.

201. — Cinq miniatures modernes. Deux taba-tières en écaille avec portraits de femmes, costumes modernes , et petit portrait de madame Dubarry, peint sur émail.

202. — Une cage vitrée sur plateau et renfer-mant une collection de quatre-vingts plaques d'a-gathe orientale, jaspe sardoine, lapis, cornaline, poudingue et autres matières précieuses ; plus, une série de coquilles.

203. —Environ deux cents petits cadres en bronze doré ayant entouré des miniatures ; quelques-uns sont ornés de branchages et de couronnes très-bien ciselés.

ESTAMPES ENCADRÉES.

204. — MORGHEN (Raphaël). La Cène, d'après Léonard de Vinci; ép. avec la virgule, après les mots : *Amen dico vobis.*

205. — Apollon conduisant le char du Soleil (pièce dite l'Aurore), d'après Le Guide.

205 *bis.* — JEAN VOLPATO. L'Aurore (pièce dite la Nuit, d'après le Guerchin.

206. — MORGHEN (Raphaël). Portrait équestre du marquis de Mont-Cada, d'après Vandick; ép. av. l. l.; le titre en lettre grise.

207. — Le Temps qui fait danser les Quatre-Ages de la vie humaine, et la Fuite en Egypte. Deux pièces d'après Le Poussin; ép. av. l. l.; les titres tracés à la pointe.

208. — Angélique et Médor, d'après Matteini.

209. — La Vierge à la chaise, d'après Raphaël.

210. — La Charité, d'après Le Corrège; ép. av. l. l.

211. — La Jurisprudence, et la Madone au sac. Deux pièces, d'après Raphaël et André del Sarte.

212. — Le Sacrifice de la Messe à Bolcène, d'après la fresque de Raphaël au Vatican.

213. — Desnoyers (Auguste-Bouchero). La Vierge de Foligno (dite la Vierge au donataire), d'après Raphaël; ancienne ép.

214. — Porporati. La Vierge au lapin, d'après Le Corrége; ép. av. l. l.; rare.

215. — Le Coucher, d'après Vanloo; ép. av. l. l.

216. — Ville (Jean-George). L'Instruction paternelle, d'après Terburg; anc. ép.

217. — Geodefroy (Jean) Psyché et l'Amour, d'après Gérard; ép. av. l. l.

218. — Bervic. L'enlèvement de Dejanire, d'après Le Guide; ép. av. l. l.

219. — Volpato. Héliodore chassé du temple, et l'Incendie du bourg. Deux pièces d'après Raphaël; ép. av. l. l.

220. — Masson. Portrait du comte d'Harcourt (dit le Cadet à la perle), d'après Mignard; anc. ép.

221. — Woollett. La Mort du général Wolf, d'après West; anc. ép.

222. — Schiavonnetti et Cardon. La Mort du sultan Tipô-Saëb, et soumissions des fils du sultan. Deux pièces, d'après Porter et Singleton,

223. — BAQUOY. Saint Gervais et saint Protais, d'après Le Sueur.

224. — OCTAVIANNI. Les Arabesques, d'après Raphaël. Quatorze Arabesques ; plus les Deux portes, Vues perspectives de la galerie et le Développement. En tout, dix-huit pièces ; ép. color. Quatre des Arabesques sont encadrées. 100 - 00

ESTAMPES EN FEUILLES.

225. — BAQUOY. Saint Vincent de Paul, d'après Monsiau ; épr. av. l. l.

226. — STRANGE. Les Enfans de Charles Ier, etc. Deux pièces.

227. — DEBUCOURT. Chasses, courses, d'après C. Vernet. Six pièces.

228. — GARNEREY. Onze pièces. Vues des ports de France.

229. — MULLER. Saint Jean l'évangéliste, d'après Le Dominiquin ; ancienne épreuve de 1808, avec toute marge.

PIÈCES DIVERSES.

---

230. — Cent cinquante caricatures anglaises ; quelques-unes coloriées.

231. — Cent quatre-vingts pièces, d'après Wateau, Peter, Chardin et autres.

232. — Dix-neuf pièces gravées en bois, par Albert Durer.

232 *bis.* — Cent soixante pièces du siècle de Louis XV ; quelques-unes en manière noire.

233. — Dix-sept pièces, dont Phèdre et Hyppolite, d'après Granger.

234. — Soixante-cinq pièces. Portraits d'après Edelinck, Nanteuil et autres.

235. — Quarante-six pièces, dont quelques-unes lithographiées, et d'autres de la galerie du Palais-Royal, portraits, etc.

236. — Soixante pièces. Caricatures, portraits, scènes d'intérieur.

237. — Cent vingt pièces. Portraits par Montcornet, Odieuvre et autres.

238. — Les Peuples de Russie, ou Description des mœurs, usages et costumes des diverses nations de l'empire de Russie. Soixante-sept pièces coloriées.

LIVRES A FIGURES.

239. — Douze sujets de l'histoire de la révolution française, par Helman; 1 vol. in-fol., obl., dem. rel.

240. — L'œuvre de Louis Surugue; 1 vol. contenant cent trente estampes d'après divers maîtres.

241. — Empire ottoman; 1 vol in-fol. cart.

242. — Recueil de cent estampes représentant les costumes des nations du Levant; 1 vol. in-fol.

243. — Le même colorié.

243 *bis.* — Costumes et amusemens russes; 3 vol. in-fol. impr. en couleur.

244. — Têtes gravées d'après les peintures de Raphaël, au Vatican; 1 vol. rel.

245. — La galerie Hamilton. Quarante planches gravées par Cunégo et autres; 1 vol. in-fol.

246. — Costumes des différens peuples de la terre, par Grasset de Saint-Sauveur.

247. — Vues et costumes de Constantinople; 1 vol. in-fol.

248. — Plan de l'ancienne Lutèce.

249. — Costumes vénitiens, par Zampini.

250. — Suite d'estampes pour servir à l'histoire des mœurs et du costume des Français dans le dix-huitième siècle; in-fol.

251. — Monumens du costume physique et moral de la fin du dix-huitième siècle, d'après les dessins de Moreau.

252. — Principes du dessin d'après les statues antiques, par Volpato et Raph. Morghem; 36 pl.

253. — Griffonis de Saint-Non; 1 vol. in-fol., dem. rel.

254. — La galerie Gustinniani; 2 vol. in-fol. cartonn.

255. — Costumes des seizième et dix-septième siècles, par Bonnard; 4 vol. in-4°, dem. rel.

256. — Costumes du siècle de Louis XIV; 1 vol. in-fol., dem. rel.

257. — Le cabinet Poulain; 1 vol. in-4°, dem. rel.

258. — OEuvre de sculpture en bronze, par Forti.

259. — Réunion de costumes français du dix-septième et dix-huitième siècle ; 5 vol. in-4°, dem. rel.

260. — Costumes de Paris de 1798 à 1809 ; 1 vol. colorié, et modes de Paris ; 1 vol.

261. — Vues de Rome, par Pronty ; un cahier.

262. — Costumes russes gravés à l'eau forte ; pl. coloriées ; 1 vol.

263. — Costumes cauchois et costumes d'enfans, par Gatine ; 2 vol., pl. coloriées.

264. — Recueil des divers costumes de Bordeaux et ses environs, dessinés par Galard ; huit cahiers.

265. — Costumes de différentes nations recueillis par Sainte-Clair ; 1 vol.

266. — Recueil de costumes de Rome, par Pinelli ; 2 cahiers oblongs.

267. — Costumes parisiens ; 1 vol. in-fol., pl. en noir et en couleur.

268. — Recueil de dessins des maîtres italiens, 3 cahiers et un vol.

269. — Galerie des fashionables. Londres, 1794 à 1801 ; 8 cahiers in-4°, fig. col.

270. — Recueil d'horlogerie et de joaillerie, par Montcornet et autres ; 1 vol. in-fol.

271. — Costumes suisses du seizième siècle; 1 vol., pl. color.

272. — Recueil de dessins coloriés de vases antiques, tirés des cabinets chinois; 1 vol.

273. Costumes de l'armée de la Grande-Bretagne. Londres, 1812; 9 cahiers, pl. color.

274. — Anciens costumes d'Angleterre. Les quatorze premiers cahiers; pl. col.

275. — Costumes, vignettes, vues, etc.; 7 vol.

276. — Sacre de Louis XV, Fêtes données à l'occasion du mariage de Madame, Plan de ville de Paris, par Turgot; 3 vol. in-fol.

277. — Edifices de Paris, Recueil de vues et plans topographiques, par Perelle et autres; 1 vol. gr. in-fol.

278. — OEuvre d'architecture, par Lepautre; 3 vol. in-4°.

279. — Portraits des députés de l'assemblée nationale; 3 vol.

280. — Théâtre de la vie humaine, par Galle; 1 vol. obl.

281. — Topographie française, par Chatillon; 1 vol. in-fol.

282. — Les Délices de Versailles et des maisons royales, par Jombert; 1 vol. in-fol.

283. — Maisons et Hôtels de Paris, par Kraft; 1 vol. in-fol.

284. — Dessins de Léonard de Vinci; 1 vol.

285. — Costumes par Duflos; 2 vol. in-fol., fig. color.

286. — Décoration d'intérieur d'appartement, par Percier et Fontaine; 1 vol.

287. — Costumes napolitains; 30 pl.

288. — Triomphe de la Mort, par Holbein.

289. — Livre nouveau, revue des cinq ordres d'architecture, par Vignolle.

290. — Costumes italiens dessinés d'après nature, par Greuse.

291. — Arabesques et broderies, par Lenormant.

292. — Vues d'Espagne et de Portugal, par Bradford, 1 vol. col.

293. — Tragédies de Sophocle, par Giacomelli, et les Fables d'Ésope publiées en Hollande.

294. — Plusieurs cahiers détachés seront vendus sous ce numéro.

DESSINS PAR DIVERS ARTISTES.

Nota. Les dessins encadrés sont marqués d'une astérique.

295. — La Bouillotte, le Bal de l'Opéra, le bal de société, l'Escamoteur, la Lanterne magique, les chiens savans; ces cinq pièces, par Bosio (une est encadrée). Carricatures bon genre, deux pièces par Bec-de-Lièvre, deux femmes dessinées au crayon noir par M. Fragonard. En tout, dix pièces.

296. — Vingt-sept dessins. Ornemens et décors d'appartement.

297. — Soixante-neuf feuilles dessinées et lavées. Décors d'appartement; plus, un cahier d'ornemens.

298. — Vingt-quatre pièces. Ornemens gothiques imprimés en or sur vélin, et sujets peints à la gouache; trois dessins, portraits persans.

299. — Environ cent vingt dessins à la mine de plomb, par Wateau fils. Costumes de 1789 à 1791.

300. — Environs deux cents dessins et gravures. Portraits, costumes anciens.

301. — Deux petits dessins fort bien exécutés sur feuille de vélin, dont un représente un vieillard la

culotte bas, et se faisant infliger une correction par une jeune fille; une autre est occupée à une seconde action qui ne peut se décrire. Ces deux dessins *in naturalibus* seront vendus sous enveloppe.

302. — Dix dessins de petite dimension et sur vélin, dont les quatre Saisons.

303. — Portrait de mademoiselle Georges, et dessin de costume suisse.

304. — Une collection composée de cinq cent vingt portraits dessinés et gouachés par Carmontel. Ils représentent toute la famille, les personnages attachés à l'ancienne maison d'Orléans, et les seigneurs et hommes titrés contemporains. Cette collection, qui a coûté plus de dix années de travail à M. Carmontel, est fort intéressante sous le rapport de l'historique; elle est contenue dans deux portefeuilles de seize pouces et demi en maroquin rouge, et fortement garnis en argent doré.

305. — *Huit dessins : la Boudeuse, la Vielleuse, deux sujets et les Saisons. Ces huit pièces, par MM. Carle et Horace Vernet.

306. — *Quatre dessins au crayon noir et à l'estampe, par M. Fragonard. Deux représentent Psyché.

307. — Vingt-six costumes italiens peints à l'huile sur carton, et renfermés dans un portefeuille de parchemin.

3o8. — Cent quarante-deux dessins. Portraits des rois et reines de France, depuis Charlemagne, ducs régnans, hommes et femmes célèbres de diverses époques.

3o9. — Seize gravures et vingt dessins. Portraits de femmes des divers cantons de la Suisse.

310. — Recueils de costumes de Paris; 16 vol. Figures dessinées ou appliquées avec des changemens, costumes de Paris, 1803; 1 vol. in-4°.

311. — Quarante-quatre costumes allemands coloriés; dix-huit costumes de grisettes, année 1807; huit costumes de la Laponie; vingt-sept costumes divers coloriés et à la plume; onze pièces, dont Magdeleine, marchande de gateaux de Nanterre.

312. — Seize dessins par des maîtres de l'École française ancienne, et une belle gouache par Maillet.

313. — Caricatures de militaires russes et anglais; dessin colorié et très-capital, par M. Horace Vernet.

314. — Femmes de la Morlaquie; dix-huit dessins coloriés. Les Morlaques envoyèrent des ambassadeurs à l'empereur Héraclius pour faire partie de l'empire d'Orient. Aujourd'hui la Morloquie appartient à l'Autriche, et les femmes y ont conservé leur costume.

314 *bis.* — Suite de quarante-six portraits sur vélin, de princes et princesses des maisons régnantes d'Angleterre, d'Allemagne, de Hollande et de Flandres, vers le milieu du seizième siècle.

Sous ce même numéro, seront vendus deux volumes contenant cent quatre-vingt-cinq dessins, costumes turcs, chinois et persans.

315. — Cent soixante-dix dessins à la mine de plomb. Costumes de 1790, 1791 et 1792. — Vingt-huit dessins coloriés anglais à Paris, dans l'année 1802.

DÉSIGNATION

DES DESSINS

ORIGINAUX,

D'OUVRAGES PUBLIÉS PAR M. LA MÉSANGÈRE.

JOURNAL DES DAMES ET DES MODES.

316. — Cent quinze dessins coloriés. Costumes de modes des années 1803 à 1811, par M. Carle Vernet.

317. — Cinquante dessins coloriés. Hommes et femmes, costume de mode, par M. Horace Vernet.

318. — Quarante-trois dessins. Costumes de mode, dessinés et coloriés par *le même*.

319. — Quarante autres dessins, par *le même*.

320. — Trente dessins, par *le même*.

321. — Quarante-six dessins, par *le même*.

322. — Trente dessins, par *le même*.

323. — Vingt-cinq dessins, par *le même*, et choisis.

324. — Vingt-cinq autres, par *le même*.

325. — Vingt-cinq autres, par *le même*.

326. — Vingt-cinq autres, par *le même*.

327. — Quatorze cent soixante-six dessins coloriés, dont quelques-uns doubles en figures. Costumes de modes des années 1829 et celles antérieures, tous de même dimension, et la plupart soigneusement exécutés, par M. Lanté.

Cet article sera divisé en vingt-neuf parties.

328. — Trois cents dessins. Costumes des modes des années 1807, 1808 et 1809, par M. Auzou; tous réunis dans un portefeuille.

329. — Cent soixante-dix-sept dessins coloriés, des années 1810, 1811 et 1812.

330. — Cent soixante-six dessins. Costumes de 1805 à 1807, par MM. Pecheux, Labrousse, Gar-

bizza, Harriet, Babin, Toul, Mysis et Pasquier.
Pièces coloriées.

33r. — Deux cent trente-huit dessins coloriés,
par Bosio. Costumes de modes.

332. — Environ deux cents dessins coloriés. Diverses formes de chapeaux élégans, feuilles intérca-
lées dans les figures du *Journal des Modes*.

JOURNAL
DES MEUBLES ET OBJETS DE GOUT.

LITS, DRAPERIE D'ALCOVE ET DE CROISÉE.

333. — Deux cent soixante-deux dessins coloriés.

MEUBLES.

334. — Cinq cent quatre-vingt-dix-huit dessins
coloriés, comprenant les chaises, fauteuils, tabou-
rets, paphos, divans, toilettes d'homme et de femme,
jardinières, secrétaires, commodes, bureaux, glaces
à la Psyché et consoles.

VOITURES.

335. — Cent dix dessins au trait et coloriés, Mo-
dèlesd e voitures de ville et de campagne.

4.

DESSINS ORIGINAUX

DES DIVERS OUVRAGES

PUBLIÉS PAR M. LA MÉSANGÈRE,

336. — Soixante-sept dessins coloriés. *Carica-tures*, dites *bon genre*.

337. — Cent cinq dessins. Collection complète du costume des *Cauchoises, femmes du pays de Caux*, et de plusieurs autres parties de l'ancienne province de Normandie. La plupart dessinés par M. Lanté.

338. — Treize dessins. Mêmes sujets détachés.

339. — Cent dessins. *Costumes de divers pays*: femmes de Hambourg, du Tyrol, de la Hollande, de la Suisse, de la Franconie, de l'Espagne, du royaume de Naples, etc. La plupart dessinés par M. Lanté.

340. — Quarante-deux dessins. Mêmes sujets n'ayant point été publiés.

341.—Cinquante dessins intitulés: Costumes *des gri-settes et ouvrières de Paris*. Trois n'ont pas été publiés.

342. — Quatorze dessins. Collection complète de *la haute et moyenne classé*.

343. — Vingt-trois dessins coloriés de la collection dite *des Merveilleux*, par M. Horace Vernet.   *175 - 40*

344. — Vingt-cinq dessins. *Costumes italiens.*   *104 - 00*

345. — Quatre petits dessins, par M. Horace
Vernet, indiqués : *Costumes français.*

346. — Trente-six dessins. *Vues de Paris.*

347. — Vingt-trois dessins. *Costumes italiens.*   *91 - 00*

348. — Quarante-un dessins intitulés : *Través-
tissemens.* Vingt-deux seulement ont été gravés.   *180 - 00*

349. — Soixante-dix dessins, par M. Lanté, Galerie française de *femmes célèbres* par leurs talens,
leur rang, ou leur beauté.   *655 -50*

papé loo1 mes 7000

Désignation

DES PLANCHES GRAVÉES,

PUBLIÉES PAR M. LA MÉSANGÈRE.

JOURNAL DES DAMES ET DES MODES

350. — Dix-sept cent cinquante-huit planches
gravées sur cuivre, du *Journal* dit *des Dames et des
Modes*, numérotées de 901 à 2,659; portant chacune

6 pouces et 1/2 de haut sur 4 pouces et 1/2 de large, et publiées depuis 1797 jusqu'en 1828 inclusivement,

TIRAGE.

Environ cinquante-deux mille sept cents épreuves des estampes coloriées du *Journal des Dames et des Modes*. — Texte, neuf cents exemplaires.

JOURNAL DES MEUBLES ET OBJETS DE GOUT.

351. — Six cents planches gravées sur cuivre du *Journal* dit *des Meubles et Objets de goût*, et portant chacune 12 pouces de large sur 7 pouces de haut, comprenant les lits et draperies, les meubles et les voitures; publiés depuis 1802 jusqu'en 1825 inclusivement.

TIRAGE.

Environ vingt mille épreuves coloriées des estampes du *Journal des Meubles*.

CARICATURES dites BON GENRE.

352. — Cent quinze planches gravées sur cuivre, portant 11 pouces de large sur 9 pouces de haut.

TIRAGE.

Environ quatre mille épreuves coloriées. — Texte, quatre exemplaires.

CAUCHOISES.

353. — Cent cinq planches gravées sur cuivre, Costumes de femmes du pays de Caux, etc. Hauteur, 11 pouces; largeur, 7 pouces et 1/2,

TIRAGE.

Environ sept mille deux cents épreuves coloriées. — Texte. Quarante exemplaires.

COSTUMES DE DIVERS PAYS.

354. — Cent planches gravées sur cuivre, Hauteur, 11 pouces; largeur, 7 pouces.

TIRAGE.

Environ six mille quatre cents épreuves coloriées. — Texte,

GRISETTES ET OUVRIÈRES DE PARIS.

355. — Quarante-sept planches gravées sur cuivre. Hauteur, 11 pouces; largeur, 7 pouces et 1/2,

TIRAGE.

Environ mille six cents épreuves coloriées, ·

HAUTE ET MOYENNE CLASSE.

356. — Quatorze planches gravées sur cuivre, formant la collection intitulée : *Costumes de la haute*

et moyenne classe. Hauteur, 11 pouces; largeur, 7 pouces et 1/2.

TIRAGE.

Environ douze cents épreuves coloriées.

MERVEILLEUX.

357. — Trente-trois planches gravées sur cuivre. Collection dite *des Merveilleux.* Hauteur, 13 pouces; largeur, 9 pouces.

TIRAGE.

Environ huit cents épreuves coloriées.

COSTUMES INÉDITS ORIENTAUX.

358. — Vingt-cinq planches gravées sur cuivre. Hauteur, 9 pouces; largeur, 7 pouces.
Cet ouvrage n'a été tiré qu'à 250 exemplaires.

TIRAGE.

Environ cent épreuves coloriées.

COSTUMES ITALIENS.

359. — Dix-sept planches gravées sur cuivre. Hauteur, 7 pouces; largeur, 5 pouces.

COSTUMES FRANÇAIS.

360. — Vingt-deux planches gravées sur cuivre.

(55)

VUES DE PARIS.

361. — Vingt-trois planches gravées sur cuivre.
Hauteur, 6 pouces; largeur, 4 pouces et 1/2.

TRAVESTISSEMENS.

362. — Vingt-deux planches gravées sur cuivre,
portant 11 pouces de haut, sur 9 pouces et 1/2 de large.

TIRAGE.

Environ treize cents épreuves coloriées.

FEMMES CÉLÈBRES.

363. — Soixante-onze planches gravées sur cuivre. Hauteur, 11 pouces; largeur, 7 pouces et 1/2.
Le titre est compris.

TIRAGE.

Environ quatre mille huit cents planches coloriées.
—· Texte de cinquante-quatre planches seulement.
Les seize autres sont inédites.

SUJETS DIVERS.

364. — Dix planches. Costumes pour le *Diction-
naire de luxe*. (Cet ouvrage n'a pas encore paru.)

Nota. Les planches, le tirage d'estampes et le
texte de chaque ouvrage, seront vendus ensemble.

365. — Tout ce qui aurait pu être omis en miniature, dessins, estampes et autres objets sera détaillé
sous ce numéro.

285.ᵀ

rue de St pierre N°59

billy

rue des

me Carreau ... { 3o.d. l 1.er fév. 1812
{ Portrait de Venus 13. ans.
{ François II.

18. Juill. 1831.

Shop de Costumes d'après les vitraux

1340 4½
  92   28, 26
 380
 368
 120
  92
 280
 278

Ligne Courbe fait
paraitre la ligne —
Droite desous Courbe
en Sens opposé

Caricature le Jeu de Paume ; à fléche
Rême politique en bois
est ... plus ... fait dessus d'argent ...

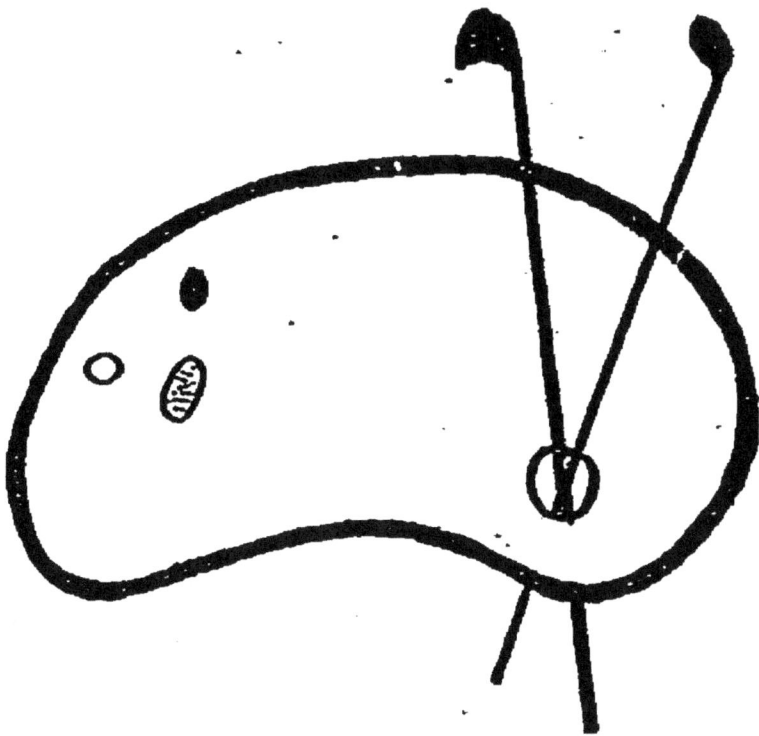

ORIGINAL EN COULEUR
NF Z 43-120-8

www.ingramcontent.com/pod-product-compliance
Lightning Source LLC
LaVergne TN
LVHW022023080426

835513LV00009B/850